Rainer Lemaire
Gunther vom Stein
Jessica Wilhelmi

# Religionsbuch Oikoumene

Neuausgabe

1. und 2. Schuljahr

Patmos

# Inhalt

# Wir haben Religionsunterricht

BIKERS
BORN TO BE WILD

# Wir stellen uns vor

Ich bin Chana und froh, endlich in der Schule zu sein. Ich bin Jüdin wie meine Eltern und Geschwister. Von meinen Eltern und nachmittags in der Synagoge habe ich schon einiges von der Religion erfahren. Ich möchte aber noch mehr lernen, auch von Jesus. Denn Jesus war ja Jude. Deshalb ist es wichtig für mich, über ihn etwas zu hören.

Hallo, ich heiße Lena.
Ich bin mit Murat und Chana in einer Klasse. Wir treffen uns jeden Morgen, um zusammen zur Schule zu gehen. Naja – fast jeden Morgen.
Am Dienstag kommt Murat später zur Schule, weil er nicht mit uns in den Religionsunterricht geht. Wieso eigentlich?

Hallo, ich bin Murat. Dieser Name ist in der Türkei nicht selten. Dort haben meine Eltern vor meiner Geburt gelebt. Murat bedeutet „Der lang ersehnte Wunsch" und sagt mir, dass meine Eltern sich sehr über mich freuen.
Ich gehe nicht mit Chana und Lena in den Religionsunterricht, weil ich nachmittags etwas über meine Religion, den Islam, lerne. Aber ich würde doch gerne wissen, was im Religionsunterricht eigentlich gemacht wird.

>> Wie wollt ihr den freien Bilderrahmen füllen?

# Kinder in aller Welt

## Zu guter Letzt

Der ist reich
und der ist arm –
das soll es gar nicht geben,
denn Kinder sind
doch alle gleich
geboren, um zu leben.

Der ist gut
und der ist schlecht –
da können wir nur lachen,
denn jedes Kind in diesem Land
wird Gutes
und wird Schlechtes machen.

Der ist dumm
und der gescheit –
das ist kein Argument,
denn jedes Kind
hat ganz bestimmt
für irgendetwas Talent.

Der ist bös
und der ist brav –
wie manche Leute meinen,
doch alle Kinder dieser Welt
sind brav und bös in einem.

*Artur Troppmann*

Paco in Peru

Julie in Frankreich

Kemal in der Türkei

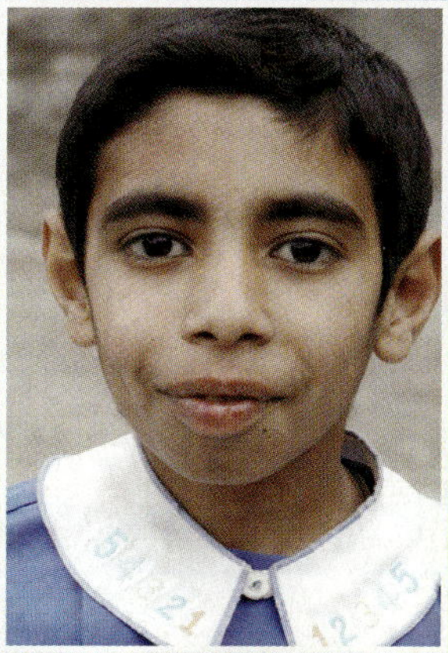

Sikandar in Indien

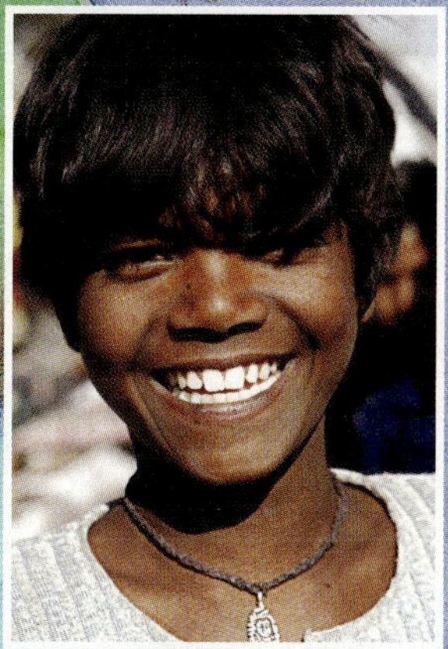

Schulkinder in Ägypten

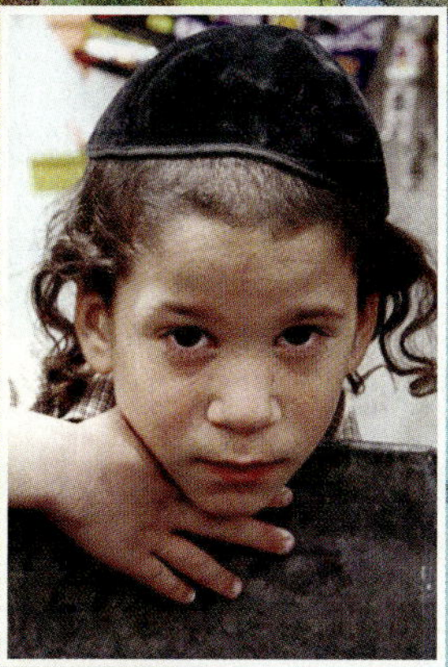

David in Israel

Anahi aus Paraguay

Schwarze
und weiße Menschen.
Kinder mit dunkler Haut,
Kinder mit hellerer Haut.

# Jesus hat die Kinder gern

Was wollt ihr hier? Ihr versteht sowieso nichts.

Lasst die Kinder zu mir kommen.

Über Kinder freut sich Gott sehr. Gott ist ihr Freund.

Ich bin ein Freund der Kinder.

Ich möchte zu Jesus.

Ich bin nicht zu klein.

>> Seht euch das Bild genau an. Wer könnte was sagen?

*Text und Melodie:*
*Dietrich Steinwede*

2. Jesus nimmt sie in die Arme.
Alle will er sehn,
will sie streicheln, will sie segnen.
Dann lässt er sie gehn.

3. Und sie laufen zu den Eltern:
„Du bist auch ein Kind,
Vater, Mutter und wir alle
Gottes Kinder sind.“

**Jesus,**

**du hast die Kinder gern, das ist ganz wunderbar,**
**du hast mich gern und meine Freundin Nina,**
**und den Til und die Sonja**
**und die Julie aus Frankreich**
**und die Anahi aus Paraguay**
**und den Michail aus Russland**
**und …**

# Jesus

## Jesus kennenlernen

### Jesus ist geboren – Menschen in aller Welt freuen sich

*Jan de Beer, Weihnachten*

*Weihnachtsnacht, China*

*Weihnachtsbild von den Philippinen*

*Weihnachtsbild aus Zaire*

# Lukas erzählt: **Ein Kind wird geboren**

>> Augustus und Jesus –
große Unterschiede!

In Rom regiert der Kaiser Augustus.
Er wird wie ein Gott angebetet.
Sein Reich ist riesengroß. Es ist ein Weltreich.
Augustus wohnt in einem Palast in Rom.
Rom ist eine prachtvolle Stadt.

Kaiser Augustus will von jedem Menschen in seinem Weltreich
Steuern haben. Alle sollen Geld an ihn bezahlen.
Er schickt seine Boten aus.
Die sollen alle Namen aufschreiben.

Josef wohnt in Nazaret.
Er muss in seine
Heimatstadt Betlehem,
eine kleine Stadt in Palästina.
Maria kommt mit Josef.
Sie ist schwanger.
Tagelang müssen sie reisen.

Sie suchen Platz in Betlehem.
Die Zeit für die Geburt
ist gekommen.
Aber sie finden keinen Platz.
Zu viele Menschen sind in die Stadt gekommen.
Das Kind wird geboren.
Maria legt es in eine Futterkrippe.

*Text: Friedrich Karl Barth, Peter Horst*
*Melodie: Fritz Baltruweit*

2. Das Kind wird euch begleiten:
ein Freund, der weiß, was trennt,
der alle eure Ängste sieht
und sie beim Namen nennt.

Jesus ist geboren ...

3. Ein Mann, der Armen helfen wird,
der Armut auf sich nimmt.
ein Mann, der Reiche stören wird,
der aufdeckt, was nicht stimmt.

Jesus ist geboren ...

# Engel verkünden: **Ein Heiland ist geboren**

Als Maria in Nazaret war, kam ein Engel zu ihr.
Er sagte zu ihr:
„Freue dich, Gott ist mit dir, Maria. Fürchte dich nicht.
Du bekommst ein Kind, einen Sohn.
Der soll Jesus heißen.
Gott gibt ihn dir, Sohn Gottes wird man ihn nennen.
Er ist der Heiland."

Auf den Weiden bei Betlehem sind arme Hirten.
Nachts hüten sie ihre Schafe.
Da leuchtet ein helles Licht. Sie fürchten sich.
Da spricht ein Engel zu ihnen: „Fürchtet euch nicht!
Freut euch! Ein Kind ist geboren, der Heiland.
Ihr findet das Kind in einer Futterkrippe."
Die Hirten laufen zum Stall und finden das Kind.
Ein Kind in der Krippe – der Heiland!
Ein Kind, das heil macht?
Die Hirten laufen los und sagen überall weiter,
was sie gehört und gesehen haben.
Und alle Menschen sind erstaunt:
„Das soll ein neuer König sein?
Geboren in einer Futterkrippe?
In der kleinen Stadt Betlehem?"

>> Spielt die Szene nach. Achtet besonders darauf, was die Hirten tun.

# Jesus – ein jüdisches Kind aus Nazaret

Josef, der Vater von Jesus, ist Zimmermann. Er muss hart arbeiten. Er muss für den Kaiser Augustus Steuern bezahlen. Die reichen Römer nehmen das Geld ein.
Jesus und seine Brüder helfen dem Vater manchmal.

Jesus geht in die Schule, in die Synagoge. Die Synagoge ist das Gemeindehaus. Am Schabbat ist dort Gottesdienst. Alltags ist im Hof der Synagoge Schule.

Jesus lernt lesen und schreiben. Jesus lernt aus den alten Schriften seines Volkes, des jüdischen Volkes. Die alten Schriften werden Tora genannt. Das heißt Weisung.
Die Tora erzählt vom Weg und vom Handeln Gottes mit Abraham, Isaak, Jakob, Josef und Mose.
Die Tora enthält auch die Gebote des Volkes Israel.
Sie ist ein Teil des Buches, das wir manchmal Altes Testament nennen.

>> Einige Geschichten, die in der Tora stehen, kennt ihr vielleicht schon. Erzählt.

# In der Synagogenschule

Im Unterricht lernen die Kinder alles auswendig. Der Rabbi, der Lehrer, spricht einen Satz, die Kinder sprechen ihn im Chor nach. Dann kommt der nächste Satz.
So lernt Jesus die Geschichten und die Gebote, auch das allerwichtigste Gebot:

„Du sollst Gott lieb haben von ganzem Herzen und von ganzer Seele und mit allen deinen Kräften.
Und deinen Mitmenschen sollst du lieb haben wie dich selbst."
Jesus lernt auch aus den alten Schriftrollen lesen.

„So wie damals ist es heute noch:
In der Schule gibt es den Rabbiner und viele Schüler.
Wichtig sind die Torarolle und der Torazeiger, wir nennen ihn Jad.
Und der Tallit, der Gebetsschal.
Und die Kippa, das Käppchen."

# Am Schabbat in der Synagoge

Lukas erzählt auch, wie Jesus als erwachsener Mann in die Synagoge von Nazaret gekommen ist.
Es ist am Schabbat.
Die Gemeinde ist versammelt. Die Öllämpchen auf dem siebenarmigen Leuchter, der Menora, brennen.

Zu Beginn des Gottesdienstes spricht der Vorsteher der Gemeinde das Sch'ma Israel. Diese Gebet ist das wichtigste Gebet des jüdischen Volkes:

**Höre Israel, der Herr,**
**unser Gott,**
**ist einer.**
**Er allein ist Gott.**
**Sonst keiner.**

Der Vorsteher breitet die Arme aus und spricht den Segen:
„Der Herr segne dich.
Der Herr behüte dich.
Der Herr sei immer mit dir."

Dann bringt der Synagogendiener die Torarolle zum Lesepult.
Einer aus der Gemeinde steht auf und tritt ans Pult.
Er öffnet die Rolle und liest den Abschnitt für diesen Tag.

Dann bringt der Synagogendiener die zweite Rolle, die Prophetenrolle.
Da steht Jesus auf. Er will vorlesen.
Der Diener reicht ihm die Rolle und Jesus rollt sie auf.
Er liest Worte des Propheten Jesaja:
„Gottes Geist ist mit mir.
Gott hat mich erwählt, den Armen die gute Nachricht zu bringen,
den Gefangenen zu sagen: ‚Ihr seid frei',
den Blinden zu sagen: ‚Ihr könnt jetzt sehen.'
Gott hat mich erwählt, die Zeit der neuen Welt Gottes anzusagen."

Jesus rollt das Buch wieder zusammen.
Dann sagt er:
„Es ist erfüllt, was ich gelesen habe: Heute! Hier und jetzt! Dies ist der Tag!
Heute ist es wahr geworden:
Arme hören die gute Nachricht,
Blinde können sehen,
Gefangene sind frei."

Als die anderen Menschen das hören, wundern sie sich. Manche werden auch wütend.
Sie sagen:
„Das ist doch Jesus, der Sohn von dem Zimmermann Josef. Was bildet der sich denn ein? Will der König sein? Oder etwa Gott?"

*Nach Lukas 4, 16-30*

>> Manches erinnert an den Gottesdienst in der Kirche.

# Jesus geht zu den Menschen

Danach geht Jesus an den See von Galiläa, den See Gennesaret.
Er kommt dort in die Dörfer und in die kleinen Städte.
Er kommt zu den Bauern und den Fischern.
Er geht zu den Handwerkern und zu den Zöllnern.
Er spricht mit Frauen und Kindern. Mit Armen und Reichen.
Er steht in den Stadttoren.
Er geht auf den Markt und in die Häuser.

Und überall sagt er:
„Ich bringe euch die gute Nachricht:
Gott hat euch lieb.
Gott will bei euch sein. Ganz nahe, wie ein Vater.
Deshalb könnt ihr zu Gott ‚Papa' sagen.
Denn ihr seid Gottes Kinder.
Gott will euch helfen."

Die Menschen hören das gern.
Überall laufen sie zusammen und wollen Jesus sehen.
Viele sagen:
„Ja, er redet wie einer, der von Gott kommt.
Ob er uns hilft, uns heilt?
Ob er ein Heiland ist?"

Aber manche sagen auch:
„Er kann nicht der Heiland sein.
Er ist doch nur der Sohn eines Zimmermanns.
Wie soll das gehen?
Ein König kann uns helfen.
Oder ein Kaiser, so einer wie Augustus.
Aber Jesus aus Nazaret?"

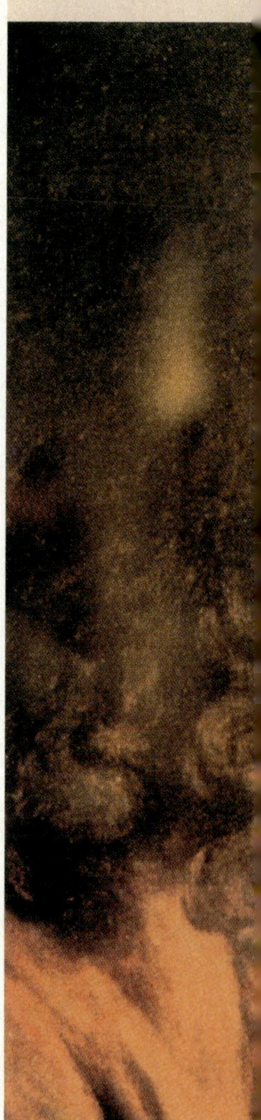

>> Was ist dir an Jesus wichtig? Versuche ein Bild zu malen.
Du kannst deine Gedanken auch mit
unterschiedlichen Farben ausdrücken.

# Wer ist Jesus?

Niemand weiß,
wie Jesus wirklich
ausgesehen hat.
Doch viele Künstler
haben ein Bild von
ihm gemalt.
Sie haben das gemalt,
was ihnen an Jesus
wichtig war.

# Kafarnaum am See Gennesaret:

# Ein Dorf, wie es zur Zeit Jesu war

# Berufe, die es zur Zeit Jesu gab

>> Welche Berufe gibt es noch heute?

# So sah ein Haus aus

>> Beschreibe die Bilder.
Vieles ist anders als heute.

# Jesus sucht Menschen für Gott – die Fischer

Petrus und Andreas sind Brüder.
Sie sind Fischer. Sie arbeiten mit den Brüdern Johannes und Jakobus zusammen.
Sie leben in Kafarnaum am See Gennesaret.
Jeden Tag werfen sie die Netze aus, um Fische zu fangen.
Die Fische verkaufen sie auf dem Markt.
Von dem Geld leben sie und ihre Familien.

Eines Tages kommt Jesus an den See.
Er sieht die Fischer, die gerade ihre Netze auswerfen.
Jesus sagt zu ihnen:
„Geht jetzt mit mir. Gott braucht euch.
Gott braucht Menschen.
Ihr sollt euer Netz nicht mehr auswerfen, um Fische zu fangen.
Ihr sollt ein Netz auswerfen für Gott,
ein unsichtbares Netz.
Ihr sollt Menschen fangen für Gott."

Da lassen die Fischer ihre Netze liegen.
Sie gehen mit Jesus.
Sie sind jetzt Freunde von Jesus, seine Jünger. *Nach Markus 1, 16-20*

*Text: Rolf Krenzer*
*Melodie: Reinhard Horn*

Darauf sagt Jesus:
„Fahrt noch mal, dann
wird der Fang
nicht schlecht!"
Zwar fahren sie
noch einmal los,
doch glauben sie's
nicht recht.

Doch als das Fischen
dann beginnt,
da staunen alle sehr.
Kaum werfen sie
die Netze aus,
schon sind sie
voll und schwer.

Froh laufen sie
zu Jesus hin
und sagen dankeschön.
Da fragt er
jeden Fischer drauf:
„Sag, willst du
mit mir gehn?"

# Jesus sucht Menschen für Gott – die Zöllner

In Kafarnaum lebt
der Zöllner Levi.
Wenn ein Händler in die
Stadt kommt,
muss er für seine Waren,
die er verkaufen will, Geld am
Zoll bezahlen.
Levi nimmt das Geld ein.
Einen Teil muss er an die
Römer abgeben,
den Rest behält er.
Levi ist reich.
Und weil er reich ist und für
die Römer arbeitet, können ihn
die anderen Menschen in
Kafarnaum nicht leiden.

Jesus kommt in die Stadt.
Er hat nichts zu verzollen.
Aber er bleibt stehen und sagt:
„Levi, komm mit mir. Ich will
dein Freund sein.
Werde mein Jünger."
Levi freut sich. Er lädt Jesus
und seine Jünger zu sich ein.
Er sagt:
„Ich bin nicht mehr allein.
Ich bin jetzt auch ein Jünger.
Das wollen wir feiern."

*Nach Markus 2, 13-15*

Ein Zöllner steht
am Wegesrand.
Wisst ihr, was da geschieht?
Er hört, was Jesus zu ihm sagt
und geht ganz einfach mit.

Es kommen noch
mehr Männer dann
und wollen mit ihm gehn.
Die Frauen bringen Kinder mit.
Und er lässt keinen stehn.

So viele ziehn
mit ihm durchs Land,
um nah bei ihm zu sein.
Wenn sie an seiner Seite gehn,
ist keiner mehr allein.

Zwölf Freunde sind
stets nah bei ihm,
zwölf Jünger, schwach und klein.
Sie wollen fest zusammenstehn
und lieben ihn allein.

Wollt ihr mit mir gehn,
Mir zur Seite stehn
und mit eignen Augen sehn,
wozu mich Gott ausersehn.
Wollt ihr mit mir gehn?

Wir wolln mit dir gehn,
dir zur Seite stehen
und mit eignen Augen sehn,
wozu dich Gott ausersehn.
Wir wolln mit dir gehn!

>> Beide Geschichten lassen sich nachspielen.
Überlegt: Was ist ähnlich an den Geschichten?

# Jesus Christus begegnen – Gottes Nähe spüren

## Jesus heilt

Jesus ist in Kafarnaum.
Er will Petrus besuchen.
Als Jesus ins Haus kommt,
sieht er, dass die Schwiegermutter
von Petrus krank im Bett liegt.
Sie hat hohes Fieber.
Jesus geht zu ihr hinein.
Er sieht sie an.

Er ergreift sie bei den Händen.
Er richtet sie auf.
Da geht es ihr besser.
Sie ist froh.
Sie steht auf.
Sie bereitet das Essen.
Alle freuen sich und
essen zusammen. *Nach Markus 1, 29-31*

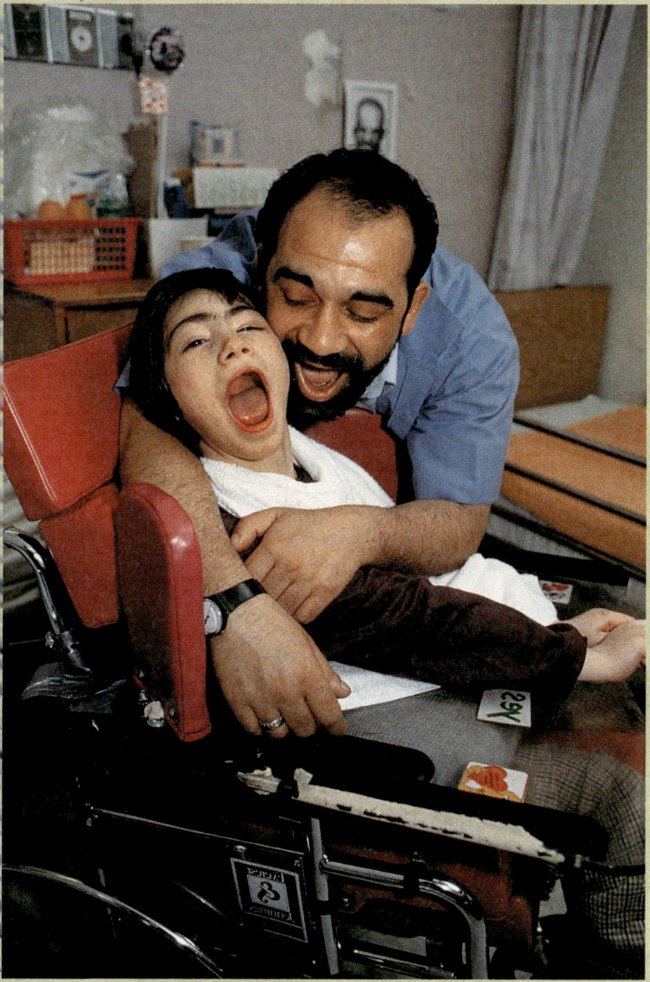

Ein Mann hat Aussatz, Lepra,
eine schreckliche Krankheit.
Der Mann ist aussätzig, ausgesetzt.
Keiner will etwas mit ihm zu tun
haben. Sie wollen ihn nicht sehen.
Die Menschen ekeln sich vor ihm.
Da sieht er Jesus. Er läuft hin.
Er fällt vor Jesus nieder:
„Hilf mir doch, du kannst es."
Jesus sieht ihn an.
Jesus hat ihn lieb.
Er streckt die Hand aus und berührt
den Kranken.
Das darf man nicht.
Man darf ihn nicht berühren.
Man wird doch selbst davon unrein.
Doch Jesus berührt ihn:
„Sei rein!"
Da geschieht es:

Der Aussatz ist nicht mehr zu sehen.
Der Mann ist gesund.
Überall erzählt der Mann:
„Ich bin geheilt. Jesus hat das
gemacht."
Und von da ab kann Jesus kein
Dorf mehr betreten.
Sofort kommen die Menschen mit
ihren Kranken zu ihm.

*Nach Markus 1, 40-45*

>> Gebt jeder Geschichte eine passende Überschrift.

# Jesus kommt zu den Verlorenen

Jesus geht durch Jericho. Die Menschen drängen sich um ihn. Alle wollen ihn sehen.

Auch Zachäus, der vom Zoll, will Jesus sehen. Aber er ist klein und die Menschen lassen ihn nicht durch. Sie hassen ihn. Zachäus betrügt beim Zoll am Stadttor.

Er lässt die Leute mehr zahlen, als die Römer haben wollen. Den Rest steckt Zachäus ein.

Er liebt das Geld. Er ist reich. Die Menschen sagen: „Dieser Sünder gehört nicht zu uns. Der kommt hier nicht durch!"

Zachäus aber will Jesus sehen. Er läuft schnell voraus und klettert auf einen Baum. Er wartet auf Jesus. Und Jesus kommt. Er sieht zu ihm auf. Und Jesus sagt: „Zachäus, steige herab vom Baum! Heute komme ich zu dir. Ich bleibe bei dir, Zachäus!" Da steigt er schnell herab. Da freut Zachäus sich.

Die Leute aber sind böse auf Jesus: „Was will er bei diesem Sünder!"

Zachäus aber sagt zu Jesus: „Ich will nicht mehr betrügen. Ich gebe alles wieder zurück und dreimal so viel dazu. Und die Hälfte von allem, was übrigbleibt, die gebe ich den Armen." Da sagt Jesus: „Du bist gerettet. Gott ist mit dir, Zachäus."

Zu den Menschen sagt Jesus: „Zachäus ist Gottes Kind. Er ist nicht verloren. Zu solchen Sündern bin ich gekommen." *Nach Lukas 19, 1-10*

*Text und Melodie: Dietrich Steinwede*

Zachäus, du betrügst beim Zoll.
Dein Geldsack, der ist schon ganz voll.
Heut ist der Tag, Zachäus.

Zachäus, du willst Jesus sehn.
Du siehst vor dir die vielen stehn.
Du bist zu klein, Zachäus.

Da kletterst du auf einen Baum
und Jesus spricht, er sieht dich kaum:
Heut muss ich zu dir, Zachäus.

Und Jesus kommt zu dir ins Haus;
und du teilst all dein Geld jetzt aus.
Dies ist der Tag, Zachäus.

Dies ist der Tag, den Gott gemacht.
Das hättest du dir nicht gedacht.
Dies ist der Tag, Zachäus.

>> Sucht auf Seite 24-25 die Zollstation. Beschreibt.

>> Zachäus im Baum – was könnte er denken?

# Jesus erzählt von Gott

Jesus erzählt auch Geschichten, die von Verlorenen handeln: Ein Vater hat Haus und Hof und viele Landarbeiter.
Und er hat zwei Söhne, die er sehr lieb hat.
Eines Tages sagt der jüngere Sohn zum Vater:
„Ich will hier nicht mehr bleiben. Gib mir das Geld, das ich erben soll."
Und er nimmt das Geld und geht fort.

Fern in einem anderen Land bringt er alles durch, bis er nichts mehr hat, bis nichts mehr von dem Geld da ist.
Da kommt eine Hungersnot.
Der Sohn hat nichts mehr zu essen.
Da bittet er einen Mann:
„Gib mir zu essen."
Der sagt: „Du kannst Schweine hüten." Da sitzt er nun im Dreck bei den Schweinen.
Ihm wird ganz elend vor Hunger.
Da wird ihm ganz anders.
Er denkt an seinen Vater:
Vater, ich will zurück.

Und so macht er sich auf den langen Weg.
Der Vater sieht ihn von fern.
Der Vater läuft ihm entgegen, umarmt ihn und gibt ihm einen Kuss.
Der Sohn sagt:
„Vater, ich habe Unrecht getan.
Ich will dein Arbeiter sein."
„Nein", ruft der Vater, „holt das Festkleid! Zieht es ihm an.
Und gebt ihm Sandalen.
Steckt ihm den goldenen Ring an und schlachtet das fette Kalb.
Denn mein Sohn war verloren.
Jetzt ist er gefunden.
Mein Sohn war wie tot.
Jetzt lebt er wieder!"

SK

# „Gott ist wie ein guter Vater“

Und Jesus erzählt weiter
von dem zweiten Sohn:
Das Kalb ist geschlachtet und
alle feiern ein Fest.
Der ältere Sohn ist noch auf
dem Feld und arbeitet.
Als er sich dem Hof nähert,
hört er Singen und Tanzen.
Er fragt einen Knecht:
„Was ist denn hier los?“
Der Knecht erzählt ihm:
„Dein Bruder ist wiederge-
kommen. Dein Vater hat ein
Kalb geschlachtet, weil er
ihn gesund wiederhat.“

Da wird der ältere Bruder
zornig.
Er will nicht in das Haus
hineingehen. Der Vater sieht,
dass er sich abwendet.
Doch der Vater kommt zu
ihm heraus und bittet ihn:
„Komm doch herein und
feiere mit.“
„Ich soll mitfeiern?
Wegen dem, der das Geld
verschleudert hat?
Ich habe immer gearbeitet
und der?
Für mich hast du noch nie ein
Fest veranstaltet!“

Da sagt der Vater:
„Sieh doch, du bist immer bei
mir.
Aber jetzt ist auch dein Bruder
zu mir zurückgekommen.
Er war wie tot.
Jetzt lebt er wieder.
Er war verloren.
Jetzt ist er wiedergefunden.“

*Nach Lukas 15, 11-32*

>> Überlegt:
Wer ist in dieser Geschichte von dem Vater
und den beiden Söhnen verloren?
Wie könnte die Geschichte weitergehen?

>> Schreibe die Sätze in den Geschichten auf, in denen
das Wort „sehen“ vorkommt.
Was passiert, wenn Jesus sieht?

# Jesus sieht Bartimäus,
# Bartimäus sieht Jesus

Bartimäus ist ein blinder Bettler.
Er sitzt an der Straße in Jericho.

Da kommt Jesus.
Bartimäus hört ihn. Da schreit er los:
„Jesus, du bist von Gott, hilf mir, erbarme dich!"
Die Menschen aber schimpfen ihn aus:
„Still, du Bettler, schweig still!"

Da bleibt Jesus stehen.
Er sagt: „Ruft ihn her!"
Da rufen ihn die Menschen:
„Steh auf! Jesus ruft dich!"
Da wirft der Bettler den Mantel ab.
Er springt auf und kommt zu Jesus.

Jesus sieht den Bettler an:
„Was soll ich für dich tun?"
„Ich möchte sehen, Herr."
Jesus sagt:
„Du kannst es.
Du siehst mit dem Herzen.
Du siehst mit den Augen
des Glaubens."

Da gehen Bartimäus
die Augen auf:
„Jesus, ich kann
dich sehen.
Ich kann wirklich
sehen." *Nach Markus 10, 46-52*

>> Wir sagen auch:
„Mir sind die Augen aufgegangen."
Was ist damit gemeint?

>> Was sieht Bartimäus?
Was sieht Jesus?

>> Wie sehen wir Jesus?

>> Vergleicht die beiden Bilder.

# Nach Gott fragen

# Wo ist Gott?

Lena, Chana und Murat unterhalten sich:

„Wo ist Gott?"

„Gott? Nun, ich glaube im Himmel."

„Viele sagen, Gott ist im Himmel."

„Wo ist der Himmel?"

„Ist er da oben, bei der Sonne und den Wolken, beim Mond und bei den Sternen? Ist er da? So weit weg?"

„Vielleicht ist der Himmel manchmal viel näher, als wir glauben."

„Vielleicht ist Gott manchmal näher, als wir glauben."

*Text: Wilhelm Willms*
*Melodie: Ludger Edelkötter*

Weißt du,
wo der Himmel ist,
nicht so hoch da oben,
sag doch ja zu dir und mir,
du bist aufgehoben,
du bist aufgehoben.

# Woher wissen wir von Gott?

„Woher weiß ich, dass Gott da ist?
Ich kann Gott doch gar nicht sehen!"
„Du kannst Gott nicht sehen, aber Gott ist doch da."
„Das ist wie mit dem Wind:
Auch den Wind kannst du nicht sehen, aber er ist doch da.
Du siehst, wie sich die Bäume im Wind bewegen.
Aber den Wind siehst du nicht."

*Eine Geschichte aus Afrika*
*antwortet auf diese Frage:*

Der alte Mann aus Afrika hieß Daniel.
Er glaubte an Gott.
Jemand wollte sich darüber lustig machen.
Er fragte: „Woher weißt du von Gott, Daniel?"
Daniel antwortete:
„Woher weiß ich, dass nachts ein Mensch
oder ein Hund oder
ein Esel um meine Hütte gegangen ist?
An den Spuren im Sand sehe ich es.
So sind auch Spuren
in meinem Leben eingedrückt –
Spuren Gottes."

>> Was könnten Spuren Gottes in Daniels Leben sein?
>> Gibt es in deinem Leben auch Spuren Gottes?
>> Erzählt von Menschen, in deren Leben Gott Spuren hinterlassen hat!

## Die Bibel erzählt von Menschen, in deren Leben Gott Spuren hinterlassen hat.

>> Welche Geschichten aus der Bibel von Spuren Gottes fallen euch ein?
>> Erzählt von den Spuren Gottes im Leben dieser Menschen.

# Wie ist Gott?

Menschen sehen Spuren Gottes
in ihrem Leben. Sie erfahren, wie Gott ist.
Sie sagen zum Beispiel:

„Gott ist wie ein Freund,
der mir die Hand reicht."

„Gott ist wie ..."

„Gottes Liebe
ist wie die Sonne ..."

„Gott ist wie die Sonne,
so warm, so hell,
so leuchtend,
so strahlend."

*Text und Melodie:*
*Frankfurt am Main, 1970*

>>
Was denkst du,
wie Gott ist?
Finde Sätze:
„Gott ist ***wie*** ..., weil ..."

Jesus erzählte den Menschen von Gott.
Er erzählte Geschichten, die zeigen, wie Gott ist und wie Gott handelt.

„Ich freue mich, ich freue mich, ich habe es wiedergefunden, mein Schaf", ruft der Hirte, als er zurückkommt.
„Das wäre schlimm gewesen, wenn ich mein Schaf ganz verloren hätte.
Lange habe ich gesucht.
Ich habe die 99 anderen Schafe allein gelassen.
Ich wollte das eine Schaf suchen, das verloren war.
Ich hatte Sorge: Vielleicht finde ich es nicht mehr.
Jetzt aber ist es wieder da. Auf meinen Armen habe ich es heimgetragen. Jetzt bin ich froh.
Kommt, Freunde und Nachbarn, kommt,
wir feiern ein Fest." *Nach Lukas 15, 4-7*

**Manchmal bin ich wie ein verirrtes und verlorenes Schaf.**

*Psalm 119,176*

>> Überlege: Gott ist ***wie*** ein Hirte, weil ...

>> Erzähle oder erfinde Geschichten vom Verlieren und Suchen, vom Finden und Freuen.

# Gott ist wie ein guter Hirte

*Ein Schafhirte heute in Israel*

## Der Herr ist mein Hirte

*(nach Psalm 23)*

*Text und Melodie: M. Steiger, J. Kindt*

# Gott ist wie ein barmherziger König

Jesus wird gefragt, wie Gott ist. Er erzählt: Ein König forderte von seinem Knecht zehntausend Zentner Silber zurück – eine riesige Geldsumme. Da der Knecht nicht bezahlen konnte, fiel er auf die Knie und sagte: „Hab Geduld mit mir, ich will dir alles bezahlen." Da hatte der König Erbarmen und erließ ihm seine Schuld.
So ging der Knecht als freier Mensch.

Bald traf er einen Mitknecht, der ihm ein paar Silbergroschen schuldete.
Er forderte das Geld von ihm zurück.
Da der Mitknecht nicht bezahlen konnte, fiel er auf die Knie und sagte:
„Hab Geduld mit mir, ich will dir alles bezahlen."
Der Knecht aber hatte kein Erbarmen und ließ ihn ins Gefängnis stecken.

*Nach Matthäus 18, 23-35*

>> Der König erfährt davon. Was denkt er? Was fühlt er?

Jesus hat uns ein Gebet gelehrt (→ S. 55). Darin heißt es:

**Und vergib uns unsere Schuld,
wie auch wir vergeben unseren Schuldigern.**

*Matthäus 6,12*

# Mit Gott reden: danken, loben, klagen und bitten

Du tröstest mich in der Angst.
Du bist bei mir.
Deine Hand hält mich fest.
Du hältst mir den Kopf hoch.
Sei nicht ferne von mir.

Diese Sätze stehen in der Bibel. Es sind Sätze aus den Psalmen. Psalmen sind Lieder und Gebete zu Gott. Der Psalmbeter redet mit Gott, er hat Vertrauen zu Gott.

>> Wann könntest du einen dieser Sätze sagen? Zu wem?

>> Suche dir einen Satz aus. Welche Farben passen dazu? Male!

Der Beter redet in den Psalmen ganz unterschiedlich mit Gott.
Er klagt Gott. Er bittet Gott. Er lobt Gott. Er dankt Gott.

**Ich versinke in tiefem Schlamm, wo kein Grund ist.**

**Neige deine Ohren zu mir.**

**Du hast mich wieder gesund gemacht.**

**Gnädig und barmherzig bist du, geduldig und von großer Güte.**

**Wenn ich dich rufe, so erhörst du mich.**

**Weise du mir den Weg.**

*Text: Rolf Krenzer*
*Melodie: Peter Janssens*

>> Wie fühlt sich jemand, der solche Sätze sagt?

>> Male ein Bild, das zu einem Satz passt. Schreibe den Satz dazu.

>> Überlege selbst Sätze, die du zu Gott sagen kannst.

# Mit Gott reden: in allen Religionen und Sprachen

Chana, Murat und Lena glauben an denselben Gott. Sie reden mit Gott in unterschiedlicher Weise:

„Für uns hat Gott einen heiligen Namen, aber wir sprechen seinen Namen nicht aus, auch dann nicht, wenn wir beten. Wir sagen deshalb zum Beispiel adonaj, das bedeutet ‚Herr'. Beim Beten tragen Männer den Gebetsschal, manchmal auch Frauen."

„Wir Christen sagen meistens Gott. Aber manchmal sage ich auch ‚Vater unser im Himmel', wenn ich bete. Zu Gott gehört für uns auch Jesus, Gottes Sohn. Auch zu ihm kann ich beten.
Wenn ich bete, falte ich meist die Hände."

„Auch für uns ist Gott heilig. Wir nennen ihn Allah, das ist arabisch und bedeutet Gott. Wir beten zu Allah auf einem Gebetsteppich. Beim Beten stehen wir und knien wir auf dem Gebetsteppich. Wir beten fünfmal am Tag."
Allah nennen wir auch ‚den Barmherzigen'."

>> Schau auf Seite 122 – 123 nach! Dort findest du Fotos von Juden und Muslimen, die beten.

>> Hast du schon einmal gebetet? Kennst du ein Gebet?

Das Vaterunser ist ein Gebet Jesu (Matthäus 6, 9-13). Jesus sagt:
Wenn ihr zu Gott betet, dann könnte ihr Vater zu Gott sagen.

Vater unser im Himmel,
geheiligt werde dein Name,
dein Reich komme,
dein Wille geschehe,
wie im Himmel, so auf Erden.
Unser tägliches Brot gib uns heute.
Und vergib uns unsere Schuld,
wie auch wir vergeben unseren Schuldigern.
Und führe uns nicht in Versuchung,
sondern erlöse uns von dem Bösen.

Denn dein ist das Reich und die Kraft
und die Herrlichkeit
in Ewigkeit.
Amen.

Dieses Gebet sprechen alle Christen in der ganzen Welt,
alle in ihrer Sprache.

>> Gott ist wie ein Vater.
Kann man auch sagen, dass Gott wie eine Mutter ist?

# Gott begleitet

Abraham lebt mit seiner Frau Sara zusammen in einem Zelt, sie sind Nomaden.
Aber sie sind nicht allein. Sie leben mit vielen Verwandten zusammen.

Sie besitzen viele Ziegen, Schafe und Esel. Hirten kümmern sich um die vielen Tiere.
Abraham und Sara sind zufrieden, es geht ihnen gut.

# Abraham und Sara

Eines Tages spricht Gott
zu Abraham:

**„Gehe fort aus deinem Land.
Geh in das Land,
das ich dir zeigen werde.
Dort werden Sara und du
ein Kind haben.
Ich will dich zu einem
großen Volk machen.
Abraham, ich will
dich segnen.
Und du sollst ein
Segen sein für alle
Völker der Erde.
Ich will dich zu einem
großen Volk machen."**

Abraham spricht mit Sara:
„In ein fremdes Land sollen wir
gehen?"
„Weg von unseren Freunden!"
„Weg aus der Heimat?"
„Wohin sollen wir gehen?"
„Was soll denn in der Fremde
aus uns werden?"

# Abraham und Sara – Gottes Versprechen wird wahr

Abraham und Sara hören auf Gott. Sie gehen los.

Doch sie gehen nicht allein. Sie nehmen ihre Zelte und ihre Tiere mit. Viele ihrer Hirten und deren Frauen und Kinder gehen mit Abraham und Sara. Gott begleitet sie mit seinem Segen.

Endlich kommen sie in das neue Land, das Gott ihnen zeigt. Abraham dankt Gott dafür.

*Text: bei J. E. Gossner, 1825*
*Melodie: J. F. Franke, 1755*

Abraham und Sara warten auf das Kind, das Gott ihnen versprochen hat. Einmal in der Nacht: Gott ruft Abraham unter den Sternenhimmel:

„Zähle die Sterne!
Du kannst sie nicht zählen.
Du wirst so viele Nachkommen haben, wie Sterne am Himmel sind."

# Abraham und Sara – Segen für alle Kinder Abrahams

Ein Jahr vergeht. Da bekommt
die alte Sara wirklich ein Kind.
Sara und Abraham geben ihm
einen Namen:
Isaak, das bedeutet „Gott lacht".

Alle lachen und freuen sich.
Sie feiern ein Fest.
Es ist Isaaks Geburtstagsfest.
Abraham sagt:
„Welch ein Segen." *Nach Genesis - 1. Mose 12.15.21*

>> Schaut euch die Zeichnung an.
Was gehört alles zu einem Nomadenfest?

>> Bereitet ein Fest vor!
Spielt das Geburtstagsfest von Isaak nach!

Lena und Chana erzählen die Geschichte von Abraham und Sara: „ ... und dann bekam Sara endlich ein Kind. Es war ein Junge. Sara und Abraham nannten ihn Isaak. Und so ging Gottes Verheißung in Erfüllung."

„Euer Abraham heißt bei uns Ibrahim", sagt Murat. „Ich kenne die Geschichte von Ibrahim aus meinem Religionsunterricht. Ibrahim hat fest an Gott geglaubt."

Chana meint dazu: „Für uns ist Abraham der Stammvater unseres Volkes."

Da ruft Lena: „Ist das nicht toll! Dann sind wir ja alle Kinder von Abraham und Sara!"

Abraham ist für Juden, für Christen und für Muslime der Stammvater. Gott hat Abraham gesegnet – durch Abraham sind auch alle Kinder Abrahams gesegnet: Juden, Christen und Muslime.

>> Male dich auf einem Weg. Gott begleitet dich.

>> Du kannst Gottes Segen mit Farben malen.

# Josef

Jakob hat zwölf Söhne, aber Josef ist sein Lieblingssohn. Darum mögen die anderen Brüder Josef nicht.

Alle Brüder arbeiten als Hirten. Sie sind einfach gekleidet.

Aber einmal schenkt der Vater Josef ein buntes Kleid. Nur Josef schenkt er so ein Gewand.

Josef träumt: Alle Brüder haben bei der Ernte aus dem Getreide Garben gebunden. Die Garben der Brüder verneigen sich vor Josefs Garbe. Ein anderes Mal träumt Josef: Sonne, Mond und Sterne verneigen sich vor ihm. Josef erzählt davon. Da mögen ihn die Brüder noch weniger.

Einmal sind die Brüder mit Josef allein bei den Schafen. Sie lassen ihre Wut an Josef aus. Sie werfen ihn in einen leeren Brunnen.

Dann verkaufen sie Josef an eine Karawane, die vorbeizieht. So kommt Josef nach Ägypten.

Dem Vater zeigen die Brüder Josefs schönes Gewand. Sie haben Tierblut darauf verschmiert. Jakob denkt: Mein Josef wurde von einem wilden Tier getötet.

>> Was erzählen die Hände und die Gesichter auf dem Bild rechts?

# Josef – Böses wendet sich zum Guten

Josef wird in Ägypten wieder verkauft.
Potifar kauft ihn, ein reicher und mächtiger Mann.
Josef arbeitet für Potifar. Alles, was Josef tut, das gelingt.
Potifar mag Josef.
Aber Potifars Frau will Josef für sich allein.
Doch Josef sagt: „Nein!"
Da lässt sie Josef ins Gefängnis werfen.
Aber auch hier mögen die Menschen Josef.
Er ist freundlich zu allen.

Er deutet ihre Träume.
Die Träume werden wahr.
Auch der Pharao träumt. Aber er weiß nicht, was der Traum bedeutet.
Da lässt er Josef holen.
Josef kann die Träume deuten:
Es gibt sieben Jahre mit guter Ernte.
Genug zu essen für alle.
Und dann: sieben magere Jahre.
Der Pharao glaubt Josef.
Aber was soll er tun?

Josef wird Minister.
Er sorgt dafür, dass in den sieben guten Jahren Getreide gesammelt wird.
In der Zeit der Dürre lässt er es verteilen.
Auch aus anderen Ländern kommen Menschen.
Sie kaufen von Josef Getreide.
Auch die Brüder kommen.
Sie wollen Getreide für ihre Familien kaufen.

Sie kommen zu Josef. Aber sie erkennen ihn nicht.
Nur Josef erkennt sie. Doch Josef zeigt sich ihnen noch nicht.
Er weiß nicht: Haben Sie sich geändert?
Er stellt seine Brüder auf die Probe. Er nimmt einen der Brüder gefangen. Ob sie ihren Bruder im Stich lassen?
Nein, die Brüder tun es nicht. Sie haben sich geändert.
Sie stehen füreinander ein.
Nun gibt sich Josef zu erkennen. Die Brüder erschrecken sich.
Aber Josef sagt: „Habt keine Angst. Ich bin euch nicht mehr böse."
Josef hat erfahren:
„Gott hat mich begleitet. Gottes Segen war bei mir.
Auch im Brunnen und im Gefängnis."

# Josef – Zum Segen werden

Darum sagt Josef:
„Fürchtet euch nicht. Ich bin euch nicht mehr böse.
Ihr gedachtet, es böse mit mir zu machen. Aber Gott gedachte es gut zu machen."
Und Josef tröstet sie und spricht freundlich mit ihnen:
„So fürchtet euch nun nicht.
Ich will für euch und eure Familien sorgen."

**Gottes Segen hat Josef begleitet. Josef wird zum Segen für seine Brüder.**

*Nach Genesis - 1. Mose 37-47*

>> Was erzählen die Hände und die Gesichter auf diesem Bild?

Ich versinke
in tiefem Schlamm,
wo kein Grund ist.
*Psalm 69,3*

Ich rufe,
aber meine Hilfe ist ferne.
*Psalm 22,2*

Ich bin einsam und elend.
*Psalm 25,16*

Du tröstest mich
in der Angst.
*Psalm 4,2*

Ich habe mich müde
geschrien,
mein Hals ist heiser.
*Psalm 69,4*

Warum
hast du mich verlassen?
*Psalm 22,2*

Viele lästern über mich.
*Psalm 44,17*

Du bist mein Licht.
*Psalm 27,1*

Diese Sätze stehen in der Bibel, es sind Worte aus den Psalmen.
Menschen sprechen sie in einem Gebet.

>> Wie fühlt sich jemand, der solch einen Satz spricht?

>> Diese Sätze passen auch zur Geschichte von Josef.

# Rut

„Segen – was ist das eigentlich?", fragt Chana ihren Großvater.

Der Großvater überlegt einen Moment, dann sagt er: „Das kann ich dir nicht mit einem Satz beantworten, aber es gibt eine sehr alte Geschichte, die in unserer Schrift steht. Ich erzähle sie dir, und dann weißt du, was ‚Segen' bedeutet. Die Geschichte spielt zuerst in Moab. Für uns Juden also im Ausland.

In Moab lebte eine junge Frau, Rut. Diese Rut verliebte sich eines Tages in einen jungen Mann, der aus Betlehem, aus Israel, kam. Seine Familie war vor Jahren nach Moab gezogen, weil in Israel eine Hungersnot ausgebrochen war. Sein Vater war schon tot, aber seine Mutter Noomi und sein Bruder lebten noch.

Rut heiratete diesen Mann. Und das Schönste war, dass ihre Freundin Orpa den Bruder heiratete.

Aber nach einiger Zeit starben die Männer von Rut und Orpa.

Ein paar Monate später rief Noomi ihre Schwiegertöchter zu sich: ‚Ich habe mir überlegt, nach Betlehem, nach Israel, zurückzugehen. Denn dort leben noch Verwandte von mir. Sucht euch in Moab neue Männer und gründet eine neue Familie.'

Orpa entschloss sich, Noomis Vorschlag anzunehmen.

Aber Rut sagte: **‚Wo du hingehst, da will ich auch hingehen; wo du bleibst, da bleibe ich auch. Dein Volk ist mein Volk, und dein Gott ist mein Gott. Wo du stirbst, da sterbe ich auch, da will ich auch begraben werden. Der Herr tue mir dies und das, nur der Tod wird dich und mich scheiden.'**

MARC
Chagall

# Rut – Eine neue Heimat

„Und Rut ist wirklich mitgegangen?" Chana ist erstaunt. „In das Land, in dem sie niemanden kannte? Segen bedeutet, in ein fremdes Land gehen? Oder was bedeutet Segen?"

„Die Geschichte ist noch nicht zu Ende", erwidert der Großvater, „es geht ja noch weiter. Und am Schluss kannst du deine Frage beantworten.

Ja, Rut ging mit ihrer Schwiegermutter Noomi.

In Israel gab es die Sitte, dass arme Leute die Ähren aufsammeln durften, die bei der Ernte liegen geblieben waren. Und so konnte Rut sich und ihre Schwiegermutter ernähren, als sie in Israel, in Betlehem waren.

Eines Tages kam der Bauer selbst auf das Feld. Boas hieß er. Und als Boas Rut sah, verliebte er sich in sie.

Er fragte Rut: ‚Wie heißt du? Ich habe dich noch nie hier gesehen.' Und Rut erzählte ihm ihre Geschichte, und sie erzählte auch, dass sie mit ihrer Schwiegermutter Noomi von Moab nach Betlehem gegangen war. ‚Noomi', überlegte Boas, ‚die kenne ich noch. Sie ist sogar mit mir verwandt.' Und seinen Knechten befahl Boas: ‚Wenn ihr seht, dass Rut kommt, so lasst mehr Ähren liegen. Sie ist eine arme Frau und muss auch ihre Schwiegermutter versorgen.'

Als Rut am nächsten Tag mit einem prall gefüllten Sack nach Hause kam, war Noomi überrascht:

‚Was für ein Segen. Damit kann ich ganz viel Brot backen.' ‚Der Segen kommt von Boas', sagte Rut und erzählte, wie sie mit Boas gesprochen hatte.

‚Boas. Ja, mit dem bin ich verwandt. Und du meinst, er findet dich nett?'

# Rut – Leben braucht Segen

„Jetzt weiß ich“, ruft Chana, „und dann haben die beiden geheiratet und waren glücklich bis an ihr Lebensende.“

„Stimmt“, sagt der Großvater, „und sie haben einen Sohn bekommen, Obed haben sie ihn genannt.“

„Obed? Von dem habe ich noch nie gehört.“

„Aber Obeds Enkel kennst du. Das ist der berühmte König David.“

„Segen ist also mehr als nur keinen Hunger haben“, stellt Chana fest.

„Ja“, sagt der Großvater, „Segen umfasst alles, was Menschen zum Leben brauchen. Kennst du den Ausdruck ‚jemandem zum Segen werden‘? Überlege einmal, wer in dieser Geschichte Rut zum Segen wurde.“

*Text: Dieter Stork*
*Melodie: Reinhard Horn*

>> Zu welchen Teilen der Geschichte passen die drei Bilder?
Stellt die Bilder in Standbildern nach.

>> Achtet dabei besonders auf die Haltung der Personen.
Wenn ihr die Haltung der Person einnehmt – was fühlt ihr dann?

>> Der Großvater sagt: Segen umfasst alles, was Menschen zum Leben brauchen.
Überlegt: Was brauchen wir zum Leben?

# Staunen – danken – loben

Ich weiß einen Stern gar wundersam
darauf man lachen und weinen kann.
Mit Städten, voll von tausend Dingen,
mit Wäldern, darin die Vögel singen.
Ich weiß einen Stern, darauf Blumen blühn,
darauf herrliche Schiffe durch Meere ziehn.
Er trägt uns, er nährt uns, wir haben ihn gern;
Erde, so heißt unser lieber Stern.

*Josef Guggenmos*

# Die Welt und das Leben entdecken

**Ich sehe die Welt, ich entdecke das Leben.**

>> Gehe selbst auf Entdeckungsreise!

## Staune

dass du bist
erlebe die welt
als wunder
jedes blatt hat sein
geheimnis
jeder grashalm bleibt ein rätsel
verlerne das staunen nicht
wenn man dir eintrichtert
wie normal und
einfach alles ist

*Günter Ullmann*

>> Diese Knospe enthält ein Geheimnis.

>> Finde andere Geheimnisse!

# Die Welt ist wunderbar gemacht

»

Erstellt gemeinsam eine eigene Collage zu dem Satz „Die Welt ist wunderbar gemacht."

»

Ein Fotorahmen ist leer. Was hättest du fotografiert?

# In Gottes Schöpfung leben

>> Wofür möchtest du danken?

>> Denkt euch weitere Strophen zu diesem Lied aus und singt sie!

**Du hast uns deine Welt geschenkt:
den Himmel, die Erde.**

**Du hast uns deine Welt geschenkt,
Gott, wir danken dir.**

**Lena erzählt:** „Gott hat die ganze Welt geschaffen.
Das steht ganz am Anfang der Bibel.
Die Menschen sollen Gottes Schöpfung bewahren."

**Chana erzählt:** „Das steht auch in unserer Bibel am Anfang.
Wir feiern jede Woche am siebten Tag Gottes Schöpfung.
Dieser Feiertag heißt Schabbat."

**Murat erzählt:** „Auch für uns ist Gott der Schöpfer der Welt.
Bei uns steht das im Koran. Die Menschen sollen die Schöpfung achten und erhalten."

Die Bibel erzählt, dass Gott alles erschaffen hat.
Die Bibel nennt Gott den Schöpfer der Welt.

Die Menschen loben Gott für die schöne Welt:

**Singt Gott, dem Herrn,**
**und lobet seinen Namen.**
**Gott hat den Erdkreis gegründet.**
**Der Himmel freue sich,**
**und die Erde sei fröhlich.** *aus Psalm 96*

Die Menschen danken Gott für die schöne Welt:

**Du hast uns**
**deine Welt geschenkt,**
**Gott, wir danken dir.**

# Ein Dankfest feiern

*Chana, Lena und Murat wollen gemeinsam ein Dankfest für die Schöpfung feiern:*

Murat schlägt vor: „Jeder kann etwas mitbringen, wofür er danken möchte."

Ich danke dir, Gott, dafür, dass wir immer genug zu essen haben.

*Das haben die Kinder geschrieben:*

Ich danke dir, Gott, für...

Guter Gott, ich danke dir für die Äpfel! Die mag ich gerne.

**Lena erzählt:** „Wir Christen feiern im Herbst das Erntedank-Fest.

Wir danken Gott
für die Früchte, die
gewachsen sind.
Wir danken für
das Getreide,
aus dem wir Brot
gebacken haben.
Wir bringen Früchte,
Gemüse, Getreide
in die Kirche.
Dort legen wir alles
vor den Altar.
In einem Gottesdienst
danken wir Gott
für diese Gaben."

>> Plant gemeinsam ein Dankfest für Gottes Schöpfung! Wofür wollt ihr danken? Welche Lieder, Texte, Gebete passen zu eurer Feier?

>> Erkundige dich, wie in deiner Kirche Erntedank gefeiert wird. Erzähle den anderen davon!

# Kinder auf der ganzen Erde

*Pflanzen, Tiere, Menschen,*
*alle sind ein Teil der Schöpfung.*
*Menschen mit dunklerer Haut,*
*Menschen mit hellerer Haut,*
*alle sind Teil der Schöpfung.*
*Menschen leben in anderen Ländern.*
*Menschen leben anders als wir.*

*Aber sie alle sind Teil der*
*Schöpfung Gottes.*

Hallo, ich heiße Samira und bin ein Mädchen. Meine Familie ist sehr klein, nur Vater, Mutter und drei Geschwister. Mein Dorf heißt Tiebele, es liegt in Afrika.

Morgens gehe ich in unsere Dorfschule, nachmittags helfe ich meinen Eltern auf dem Feld oder bei den Tieren. Aber Zeit zum Spielen bleibt auch.

Das Spiel mit sieben kleinen Steinen machen wir gerne: Ein Stein wird in die Luft geworfen, die restlichen Steine müssen vom Boden aufgenommen werden, und mit diesen in der Hand muss der aufgeworfene Stein wieder aufgefangen werden, bevor er zu Boden fällt.
Ich wohne in einem einfachen Haus, das meine Eltern selbst aus Lehm gebaut haben. Das Dach ist aus Stroh.

Wir haben dort kein Wasser. Dafür müssen wir Kinder immer zum Brunnen gehen. Manchmal gibt es so wenig Regen, dass wir kaum etwas ernten können. Dann wird das Essen knapp.

Damit wir nicht hungern, bekommen wir Pakete mit Lebensmitteln.

Diese Pakete kommen von weit her, aus Europa. Mein Paket zahlt eine Familie aus Deutschland.

## Wir können helfen

Menschen können eine Patenschaft für ein Kind in Afrika übernehmen. Zum Beispiel bei Brot für die Welt. Man bezahlt jeden Monat einen kleinen Geldbetrag, damit das Patenkind genug zu essen hat und zur Schule gehen kann.
Man kann dem Patenkind auch schreiben und bekommt bestimmt auch eine Antwort.

Brot für die Welt

# Franziskus lobt Gottes Schöpfung

Franziskus lebte in Italien, in der Stadt Assisi. Zuerst war er sehr reich. Aber einmal traf er einen Aussätzigen, der ganz arm war. Der rührte Franziskus tief an. Franziskus fragte sich: „Hat Jesus nicht auch arm gelebt? Machen denn Besitz und Reichtum glücklich?"

Darum lebte Franziskus von da an ganz arm. Ein ganz einfaches braunes Gewand hatte er an, eine Kutte. Sonst hatte er nichts. Draußen schlief er oder in einer Höhle. Immerzu lobte er Gott. Einmal nahm er einen Stock und spielte mit einem Zweig darauf, als hätte er eine Geige. Die Tiere liebte er ganz besonders, jeden Wurm, jeden Käfer. Franziskus sprach auch zu den Vögeln.

>> Schreibt das Lied weiter!

Ein italienisches Lied
lobt Gott für die Schöpfung:

## Laudato si,

o mi signore, laudato si, o mi signore, laudato si,
o mi signore, laudato si, o mi signore.

Sei gepriesen, du hast die Welt geschaffen,
sei gepriesen für Sonne, Mond und Sterne,
sei gepriesen für Meer und Kontinente,
sei gepriesen, denn du bist wunderbar, Herr!

Franziskus liebte die ganze Schöpfung.
Er hat ein Lied gedichtet,
ein Loblied auf Gottes Schöpfung:

Sei gelobt, Gott,
mit der strahlenden Sonne,
mit dem silbernen Mond,
mit Wind und Wolken.
Lobet und preiset den Herrn!

Sei gelobt, Gott,
mit dem kostbaren Wasser,
mit dem flammenden Feuer,
mit der fruchtbaren Erde,
Lobet und preiset den Herrn!

Sei gelobt, Gott,
mit allen Menschen,
die Frieden üben,
mit dem Tod,
den wir alle sterben,
mit allem,
was du geschaffen hast.
Lobet und preiset den Herrn!

*Aus dem Sonnengesang des Franziskus*

# Leben

## Kreuz und Auferstehung

## Das Kreuz

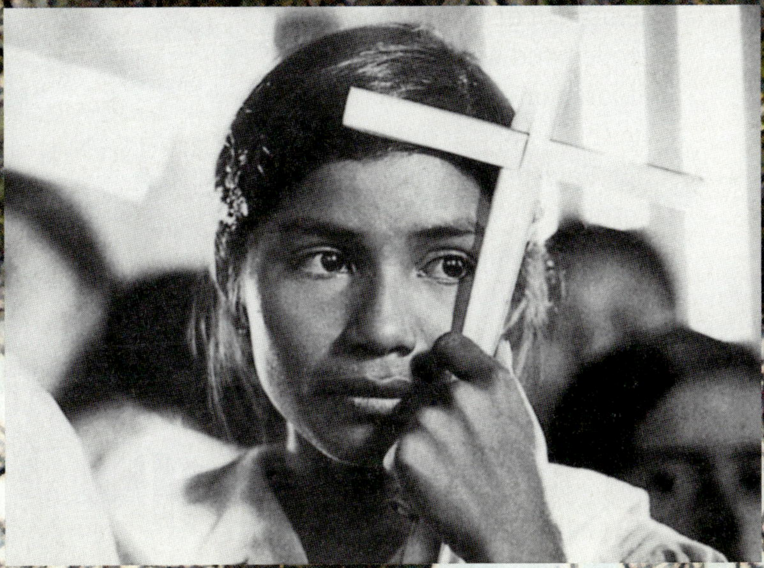

- >> Augen auf:
  Wo entdeckt ihr
  in eurer Umgebung Kreuze?
- >> Vergleicht und überlegt:
  Manche Kreuze sind leer.
  Gestaltet ein eigenes Kreuz!

# Jesus zieht in Jerusalem ein

Jerusalem gehört zu den großen und wichtigen Städten im Römischen Reich. Die Römer haben hier Paläste und eine Festung.
Doch auch für die Juden ist diese Stadt besonders wichtig. Viele leben in dieser Stadt. Andere reisen oft hierher, denn hier steht ihr Tempel.

Jesus ist mit seinen Jüngern und seinen Freunden nach Jerusalem unterwegs. Als er in die Stadt kommt, rufen die Menschen: „Hosianna! Gesegnet bist du, denn du kommst im Namen Gottes. Gesegnet seist du, denn du bringst uns ein neues Reich! Gepriesen sei Gott in der Höhe!"
Sie winken mit Palmwedeln und legen ihre Kleider auf den Weg.

Die Hohepriester
sind die einzigen, die
den heiligsten Raum
des Tempels betreten
dürfen.
Sie achten darauf,
dass jeder die Gesetze,
die in der Tora stehen,
ganz genau befolgt.
Sie und ihre Anhänger
sind mit dem, was
Jesus über Gott sagt,
oft nicht einverstanden.
Darum wollen sie nicht,
dass immer mehr
Menschen Jesus zuhören und ihm folgen.

Der Kaiser hat den Römer Pontius Pilatus mit der Regierung beauftragt. Er ist in Jerusalem, als Jesus kommt. Die Römer möchten gerne die Stadt alleine regieren. Sie sind beunruhigt und verärgert darüber, dass Jesus wie ein König empfangen wird.

# Jesus feiert mit seinen Jüngern

Gemeinsam mit seinen Jüngern feiert Jesus in Jerusalem das Pessachfest zum Gedächtnis daran, dass Gott die Israeliten aus Ägypten befreit hat.
Er bricht das Brot und verteilt den Wein.
Doch mit der feierlichen Stimmung ist es vorbei, als Jesus sagt:

„Einer von euch wird mich verraten."

Judas springt auf und läuft hinaus.

>> Spielt die Szene nach. Versucht dabei die Stimmungen und Gefühle der Jünger deutlich darzustellen.

**Chana erzählt:** Wie damals ist für uns Pessach auch heute noch das wichtigste Fest. Wir feiern es gemeinsam mit unseren Familien und Freunden.
Wir gedenken des Auszugs des Volkes Israel aus Ägypten. Dort mussten die Israeliten lange als Sklaven arbeiten, bis Gott sie befreit hat.

**Lena erzählt:** Wenn in unserem Gottesdienst Abendmahl gefeiert wird, gedenken wir des letzten gemeinsamen Pessachfestes von Jesus und seinen Jüngern.

>> Welche Feste feiert ihr in euren Familien? Woran erinnert ihr euch?

>> In diesem Bild erzählt der Maler Hans Memling ...

# Jesu Weg zum Kreuz

## Jesus wird verraten

## Jesus vor Pilatus

>> Einen Kreuzweg findet ihr in allen katholischen Kirchen.

Jesus trägt das Kreuz

Jesus wird gekreuzigt

# Jesus stirbt am Kreuz

*Text: Rolf Krenzer*
*Melodie: Peter Janssens*

2. Als Jesus gestorben war,
da war die Welt so leer.
Die Großen und die Kleinen,
die konnten nur noch weinen.
Sie hatten ihn nicht mehr.

>>
Unterschiedliche Menschen am Kreuz, unterschiedliche Gefühle. Betrachtet und sprecht über die Gesichter.

# Trauer und Sorge

Ich bin so müde vom Weinen.
Die ganze Nacht weine ich und
mein Bett wird nass von Tränen.

*Psalm 6, 7*

Vom Ende der Erde
rufe ich zu dir, denn
mein Herz ist in Angst.

*Psalm 61, 3*

Ich bin gekrümmt und tief
gebeugt, den ganzen Tag
gehe ich traurig einher.

*Psalm 38, 7*

Mir ist jedes Zuhause
genommen, niemand fragt
nach meinem Leben.

*Psalm 142, 5*

>> Wann warst du einmal besonders traurig?
Erinnere dich. Formuliere einen eigenen Satz.

# Die Ostersonne – der Christus

Ist alles vorbei?

Nein!
Der Tod hat keine Macht über Jesus.

Hier siehst du Jesus,
den Christus,
Jesus, den Retter

Ostern: Da ist kein Tod.
Da ist nur Leben.

>> So hat Alfred Manessier die Auferstehung gemalt.
Setzt sein Bild in Klänge um.
Wählt geeignete Instrumente aus und sprecht euch gut ab.

>> Beide Bilder erzählen von der Auferstehung. Vergleicht.

# Das Grab ist leer

Jesus wurde in einer Felshöhle begraben.
Vor die Höhle wurde ein schwerer Stein gerollt.

Drei Frauen gehen frühmorgens zum Grab.

Sie haben kostbare Salben gekauft,
damit wollen sie Jesus einbalsamieren.
Der schwere Stein vor dem Grab ist weggewälzt.

Das Grab ist leer. **Da ist ein Engel,**
**der sagt ihnen:**
**„Ihr sucht Jesus.**
**Er ist nicht hier.**
**Gott hat ihn auferweckt."**

Die Frauen laufen davon.
Sie erzählen Jesu Freunden von dem leeren Grab.

*Text: Fritz Pawelzik*
*Melodie: Fritz Baltruweit*

>>
Könnt ihr euch vorstellen, wie die Frauen sich gefühlt haben?

Diese Wörter können euch helfen:
*Trauer · Staunen · Schrecken · Freude*

# Tod und Auferstehung – Etwas Neues entsteht

>> Sieh hin und fühle dich genau ein: Etwas Neues entsteht!

In Piemont, sagt man, laufen die
Menschen beim ersten Osterläuten
zum Brunnen in die Mitte des Dorfes.
Sie wollen Osteraugen bekommen.
Darum waschen sie die kalten,
die gierigen, die listigen,
die misstrauischen Blicke fort.
Sie spülen die Schleier der Angst weg.
Und das kalte Wasser, sagt man,
schwemmt heraus den Dreck
eines langen Jahres. *Bernhard Langenstein*

Lena: Es gibt verschiedene Osterbräuche und Symbole. Dabei spielt oft Licht eine Rolle, wie bei der Osterkerze und dem Osterfeuer ...

# Jesus geht mit den Jüngern

Zwei Freunde von Jesus
gehen aus Jerusalem fort.
Sie sind traurig: Jesus ist tot.
Sie sind ganz allein.
Sie gehen den Weg der Trauer.

Nein, alles ist anders.
Jesus, der Christus,
geht mit ihnen.
Er spricht mit ihnen.
Ihr Herz brennt.
Ihre Augen sind wie zugehalten.

Sie kommen nach Emmaus.
Sie sagen:
„Herr, bleibe bei uns,
denn es will Abend werden,
und der Tag hat sich geneiget.“

*Text: Lukas 24, 29*
*Melodie: Chris Herbring*

Sie sitzen am Tisch.
Er bricht das Brot.
Er betet.
Er gibt es ihnen.
Da gehen ihnen
die Augen auf:
„Du bist bei uns! Du lebst!"
Doch im nächsten Augenblick
ist er auch schon verschwunden.

Dennoch. Sie sind sich sicher.
Beide springen auf.
Schon sind sie
aus der Tür hinaus.

*Nach Lukas 24,13-35*

Wohin sie wohl laufen?

## Begegnung

Jesus, du hast für uns gelebt.
Du hast uns von Gott erzählt.
Du hast viele gesund gemacht.
Du hast viele froh gemacht.
Du hast die Kinder zu dir gerufen.
Du hast dich nicht beirren lassen.

Menschen sind dir gefolgt.

Andere waren gegen dich.
Sie haben dir nach dem Leben getrachtet.
Du hast nicht aufgegeben.

Du hast dein Kreuz getragen.
Du bist gestorben.
Gott hat dich wieder zum Leben erweckt.

Du zeigst uns,
dass Gott durch Leid und Tod trägt.

Du bist unsere Hoffnung.

*Hilde Schürke-Frisch hat dieses Bild „Begegnung" genannt.*

# Oikoumene

## Miteinander leben

*Text und Melodie: Andreas Ebert*

2. Wenn einer sagt:
„Ich brauch dich, du,
ich schaff es nicht allein",
dann kribbelt es
in meinem Bauch,
ich fühl mich
nicht mehr klein.
Lalalalala

3. Wenn einer sagt:
„Komm, geh mit mir,
zusammen sind wir was",
dann werd ich rot,
weil ich mich freu,
dann macht
das Leben Spaß.
Lalalalala

4. Gott sagt zu dir:
„Ich hab dich lieb
und wär so gern dein Freund.
Und das, was du
allein nicht schaffst,
das schaffen wir vereint."
Lalalalala

>> Gestaltet gemeinsam
ein Bild von eurem Schulhof.

# Freunde sein

Freunde sind wichtig
zum Sandburgenbauen,
Freunde sind wichtig
wenn andre dich hauen,
Freunde sind wichtig
zum Schneckenhaussuchen
Freunde sind wichtig
zum Essen
von Kuchen.

Vormittags, abends,
im Freien, im Zimmer ...
Wann Freunde wichtig sind?
Eigentlich immer!

*Georg Bydlinski*

>> Schreibe einen eigenen Text.

*Hau ab!*

Auch das können Freunde zueinander sagen:

*Du bist nicht mehr meine Freundin!*

*Ich will nicht, dass du mit anderen spielst!*

*Du hast mir wehgetan!*

*Manchmal bist du echt blöd!*

>> In welchen Momenten sagen Freunde diese Sätze zueinander?

>> Spielt!

# Der barmherzige Samariter

Jesus sagt:

„Liebe deinen Gott
aus ganzem Herzen.
Liebe deinen Nächsten
wie dich selbst."

„Wer ist mein Nächster?", fragt einer seiner Zuhörer.

Jesus antwortet mit einer Geschichte.

„Ein Mann ging von Jerusalem nach Jericho und wurde überfallen. Die Räuber nahmen ihm alles weg, was er bei sich hatte. Sogar seine Kleidung. Sie verprügelten ihn und ließen ihn verletzt am Weg liegen. Ein Priester kam den Weg entlang. Er sah den Mann dort liegen und ging weiter.

Auch ein anderer Mann, aus dem Stamme Levi, kam an dem Verletzten vorbei, sah ihn und ging weiter.

Da kam ein dritter Mann. Er kam aus Samarien und war fremd in Israel. Deswegen begegneten die Leute ihm oft mit Misstrauen. Als er den verletzten Mann sah, hatte er Mitleid mit ihm.

Der Samariter ging zu ihm und versorgte seine Wunden. Dann hob er ihn auf seinen Esel und führte ihn zu einem Gasthaus.

Dort gab er dem Wirt Geld. ‚Sorge für ihn. Solltest du noch mehr Geld brauchen, werde ich es dir bezahlen, wenn ich zurückkomme.'"

*Nach Lukas 10, 25-35*

*Dieses Bild nannte der Künstler Max Liebermann 1911 „Der barmherzige Samariter".*

>> Was meinst du?
Wer von den dreien ist dem
verletzten Mann
der Nächste gewesen?

# Gemeinsam eine Brücke bauen

Der Fluss trennt die Stadt vom Land. Auf der einen Seite leben die Bauern. Dort wohnt Rosita.

Auf der anderen Seite breitet sich die Stadt Bamba aus. Im letzten Haus vor der Brücke wohnt Carmen. Rosita und Carmen sind Freundinnen.

Am Sonntag ist Markttag in Bamba. Vor Sonnenaufgang packen die Bauern zusammen, was sie auf dem Markt verkaufen wollen: Mais, Kartoffeln, Zwiebeln ...

Auf der Brücke vor der Stadt müssen sie Brückengeld zahlen, sonst dürfen sie nicht in die Stadt.

Komisch, denkt Rosita, sie brauchen doch unsere Sachen. Wenn Rositas Eltern etwas von ihrem Gemüse verkauft haben, dann kaufen sie selbst ein, so weit das Geld reicht.

Eines Nachts tobt ein heftiger Sturm. Am anderen Morgen ist die Brücke weg. Ein Hochwasser hat sie weggerissen. Carmen und Rosita sind traurig.

Die Menschen in der Stadt sind ratlos. Sie haben kein Geld für eine neue Brücke. Und bald gibt es auch nichts mehr zu essen in der Stadt.

Oben im Dorf versammeln sich die Bauern in der Kapelle. Sie singen und beten und sprechen lange von

der Brücke. Später laufen einige Männer hinunter zum Fluss.

Auf der anderen Seite versammeln sich Männer aus der Stadt. „Machen wir eine Gemeinschaftsarbeit", sagen die Bauern. „Bauen wir die Brücke gemeinsam." Ja, das wollen sie tun.

Als alles fertig ist, feiern sie ein Fest. Rosita und Carmen umarmen sich – auf der Brücke.

# Wir reichen uns die Hände

*Text: Rolf Krenzer - Melodie: Detlev Jöcker*

2. Wir reichen uns die Hände dann
und können sicher sein:
Fasst einer nur den anderen an,
ist keiner mehr allein.
3. Wir stehn nicht mehr alleine hier,
und jeder spürt es bald:
Auf beiden Seiten finden wir
im anderen unseren Halt.
4. Fühl ich mich schwach und hoffnungslos,
so halt ich dich doch fest.
Wir werden stark, wenn einer bloß
den andern nicht verlässt.
5. Wenn so ein Stück der Angst vergeht,
weil jeder jeden schützt,
dann weiß ich, dass ein Bund entsteht,
der hält und der mich stützt.

Hände können wie
Brücken sein.
Wann werden eure
Hände zur Brücke?

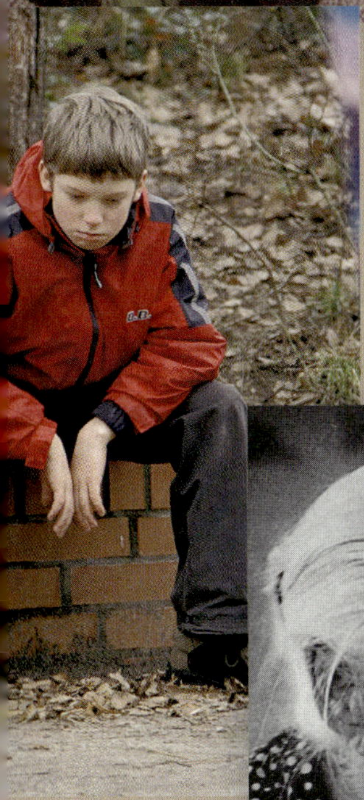

>> Kennst du auch eine Geschichte?

# Unsere Kirchengemeinde

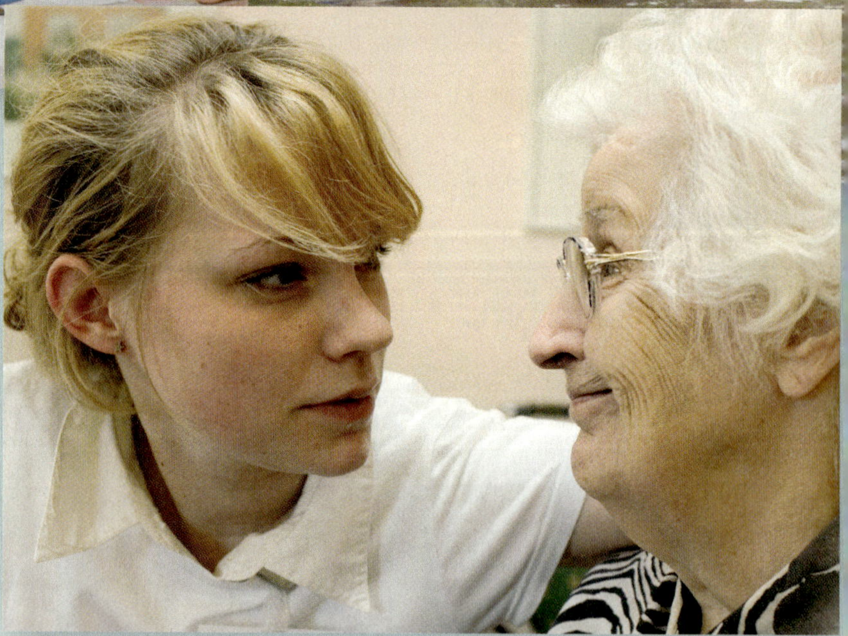

Sommer endlich:
Runter von der Straße!
einen Anfang.
Freistatt
Wir bieten Ihnen dazu
- Beratung
und Unterstützung
- Einzelzimmer mit TV
- Arbeit
und einen Ort, in dem
Sie akzeptiert werden.
Diakonie Freistatt
Wohnungslosenhilfe
Haus Linde
Lindenstraße
27259 Freistatt
Rufen Sie uns kostenfrei an:
0800 / 100 88 76
Bethel

DER
HIMMEL
IST
OFFEN

# Kirche – Moschee – Synagoge

Lena erzählt:

Wenn meine Eltern in den Gottesdienst gehen, besuche ich in den Kindergottesdienst. Dort beten und singen wir. Wir hören Geschichten aus der Bibel. Lieber mag ich aber den Familiengottesdienst, weil da alle zusammen sind, Erwachsene und Kinder. Manchmal singen wir Kinder dann ein Lied vor oder zeigen Bilder, die wir gemalt haben.

Das ist mein Lieblingslied: **Wir sind die Kleinen in den Gemeinden**

Wir sind die Kleinen
in den Gemeinden,
doch ohne uns geht gar nichts,
ohne uns gehts schief.
Wir sind das Salz
in der Suppe der Gemeinde,
egal was andere meinen,
wir machen mit.

Wir sind die Kleinen
in den Gemeinden,
doch ohne uns geht gar nichts,
ohne uns gehts schief.
Wir sind das Licht
in der Nacht der Gemeinde,
egal was andere meinen,
wir machen mit.

Wir sind die Kleinen
in den Gemeinden,
doch ohne uns geht gar nichts,
ohne uns gehts schief.
Wir sind die Kinder
im Leben der Gemeinde,
egal was andere meinen,
wir machen mit.

Lena: Eine christliche Gemeinde kann aber auch so aussehen.

**Lena:**

Geht ihr auch in die Kirche?

**Murat:**

Ich gehe mit meiner Familie in die Moschee. Dort treffen wir uns zum Freitagsgebet. Der Imam, der Vorbeter, spricht das Gebet vor und wir sprechen es nach. Dabei knien wir und verbeugen wir uns. Dann wird ein Text aus dem Koran gelesen und der Imam hält eine Ansprache.

Der Koran und seine Texte (Suren) bestimmen das Leben der Muslime. So lernen Kinder in der Koranschule bereits früh Teile des Koran in arabischer Sprache auswendig. Muslime glauben, dass der Prophet Mohammed den Koran von einem Engel Gottes erhalten hat.

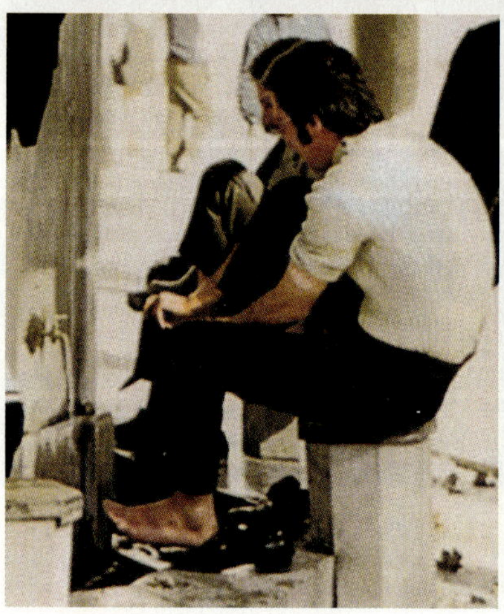

## Chana:

Wir Juden versammeln uns zum feierlichen Gebet in der Synagoge.
Unser Gemeindeleiter wird Rabbi genannt.
Er ist auch Lehrer.
Er erzählt und erklärt uns Geschichten aus der Tora.
Um sich ganz auf das Gebet zu konzentrieren, legen die Männer einen Gebetsschal um. Wichtig ist auch ein kleines Käppchen, die Kippa.
Den Kopf zu bedecken ist ein Zeichen des Respekts vor Gott.

>> Auf Seite 19 hast du zum Rabbiner ein Bild gesehen.

Dass Jesus in der Synagoge lehrte, kannst du Seite 20 nachlesen.

Mitten im Raum steht das Lesepult, an dem aus der Tora vorgelesen wird.

# Gott ist der ICH - BIN - DA

Chana: So viele Geschichten von Gott ...
Meine Lieblingsgeschichte ist die Geschichte von Josef. Was der alles erlebt hat. Und am Ende wendet Gott alles zum Guten. Gott war immer bei Josef.

Murat: Ich bin froh, dass wir drei etwas gemeinsam haben: Wir glauben alle an den Gott Abrahams. Gottes Segen ruht auf Abraham und dadurch ist Gott auch uns ganz nah.

Lena: Wie gut, dass ich so gute Freunde habe wie euch. Ich glaube, dass Gott auch wie eine gute Freundin ist: Gott ist immer für mich da.

Chana, Murat und Lena glauben an einen Gott.

**Sie glauben: Gott hat die Erde geschaffen.**
**Gott hat uns für seine Schöpfung**
**Verantwortung gegeben.**
**Sie wissen: Wir gehören zusammen.**
**Alle Menschen, in verschiedenen Ländern,**
**mit verschiedenen Hautfarben,**
**mit verschiedenen Religionen.**
**Es gibt ein Wort dafür:**

**Oikoumene.**

# Gott begleitet uns auf unserem Weg.

## Gott ist der ICH-BIN-DA

*Text und Melodie: Wolfgang Gies*

2. Ich bin da –
im Lachen und im Weinen.
Ich bin da –
in Angst und Gefahr.
Ich bin da –
damit du nie allein bist:
Ich bin immer für dich da!

3. Ich bin da –
auch in dunklen Stunden.
Ich bin da –
die Hand, die dich hält.
Ich bin da –
der Anfang und das Ende:
Ich bin immer für dich da!

## Text-/Liedverzeichnis

8 Artur Troppmann, aus: Weltkindertag, Eine Arbeitshilfe für Gemeinden. © Amt für Jugendarbeit der EKiR 1999, Düsseldorf.

11 „Alle Kinder dürfen kommen": T./M.: Dietrich Steinwede, © Patmos Verlag, Düsseldorf.

15 „Jesus ist geboren": T.: Peter Horst/Friedrich Karl Barth, M.: Fritz Baltruweit, © alle Rechte im tvd-Verlag, Düsseldorf.

31-33 „Wollt ihr mit mir gehn": T.: Rolf Kreuzer, M.: Reinhard Horn, © Kontakte Musikverlag, Ute Horn, 59557 Lippstadt.

37 „Zachäus, du willst Jesus sehen": T./M.: Dietrich Steinwede, © Patmos Verlag, Düsseldorf.

45 „Weißt du, wo der Himmel ist": T.: Wilhelm Willms, M.: Ludger Edelkötter, © KiMu Kinder Musik Verlag GmbH, 45219 Essen.

47 Der alte Mann: nach Walter Ruf.

48 "Gottes Liebe ist wie die Sonne": T./M.: Die Rufer, Frankfurt 1970, © Verlag Singende Gemeinde, Wuppertal.

50 „Der Herr ist mein Hirte, Halleluja": T.: Marieluise Geiger/nach Psalm 23, M.: Irmgard Kindt-Siegwalt, © Steinkopf Verlag, Stuttgart - Kiel.

53 „Weil ich dir vertrauen kann": T.: Rolf Krenzer, M.: Peter Janssens, © Peter Janssens Musik Verlag, Telgte-Westfalen.

72 „Ich will dich segnen": T.: Dieter Stork, M.: Reinhard Horn, © Kontakte Musikverlage, Ute Horn, 59557 Lippstadt.

74 Josef Guggemos, Oh Verzeihung, sagte die Ameise, © Beltz & Gelberg Verlag, Weinheim/Basel.

76 Günter Ullmann, „Staune", aus: Hans-Joachim Gelberg (Hg.), Großer Ozean, © Beltz & Gelberg Verlag, Weinheim und Basel 2000, Programm Beltz & Gelberg, Weinheim.

78/79 „Du hast uns deine Welt geschenkt": T.: Rolf Krenzer, © Menschenkinder Musikverlag, Münster.

81 „Alle gute Gabe": T./M.: überliefert.

96 „Als Jesus gestorben war": T.: Rolf Krenzer, M.: Peter Janssens, © Peter Janssens Musikverlag, Telgte.

100 „Herr ich werfe meine Freude", T.: Fritz Pawelzik, M.: Fritz Baltruweit, © alle Rechte im tvd-Verlag, Düsseldorf.

103 © Bernhard Langenstein.

104 „Herr bleibe bei uns, es will Abend werden": T.: Lukas 24, 29, M.: Chris Herbring, © Chris Herbring Musik, Mönchengladbach.

109 Kindermutmachlied, „Wenn einer sagt, ich mag dich": T.:/M.: Andreas Ebert, © 1979 Hänssler Verlag, D-71087 Holzgerlingen.

110 Georg Bydlinski, in: ders., Der Mond heißt heute Michel. Gedichte für Kinder, Patmos Verlag, Düsseldorf.

114/15 In Anlehnung an: Die Brücke von Bamba, hg. v. Misereor, Aachen.

116 Menschenbrückenlied, „Gemeinsam hier in unserm Kreis", T.: Rolf Krenzer, M.: Detlev Jöcker, © Menschenkinder Verlag, Münster.

120 „Wir sind Kleinen": T.: Jürgen Fliege/Dietmar Fiessel, © alle Rechte im tvd-Verlag, Düsseldorf.

125 „Ich bin da - am Morgen wie am Abend": Text und Melodie: Wolfgang Gies, Lüdenscheid 1991.

## Abbildungsverzeichnis

Nicht eigens ausgewiesene Schulfotografie: Claudia Siegmund, Leichlingen.

Umschlagabbildung: Peter Wirtz, Dormagen.

8 © ullstein-bild.

9 (o. l.) © Sonya Farell/Taxi/gettyimages.
(o. M.) © imago/ecomedia/Robert fishman.
(o. r.) © imago/GranAgular.
(M. l.) © ullstein-bild.
(r.) © imago/UPI Photo.
(u.) © KNA.

10 © Otto Pankok, Hünxe.

12 Jan de Beer, Anbetung der Hirten, Wallraf-Richartz-Museum, Köln. Foto: Rheinisches Bildarchiv Köln.

12/13 Weihnachtsnacht China: Missie-Zendings-Kalender 1994.

13 (o.) Francis Astudillo, Weihnachten. Missio Kunstkalender, Erlangen.
(u.) Mutan aus Kinshasa (Zurè), Bittet, und ihr werdet empfangen, Missio Kunstkalender 1995.

14 Illustration von Francois Place. Augustusstatue von Prima Porton.

15 Paul Ronald/Franco Zeffirelli/William Barclay, Jesus von Nazareth.

16 Jan van Eyck, Verkündigungsengel, um 1432.

19 Saunier-P.G. W.D.R. und Service Communauté.

22/23 Rembrandt, Jesus Christus, um 1650.

23 (o.) Uttarananda (Sri Lanka), Jesus. © beim Künstler.
(u.) Otto Dix, „Darum geht hin und lehret alle Völker!", (II) (Jesus, vorwärts blickend), 1960, Otto Dix Stiftung, Valuz. © VG Bild-Kunst, Bonn 2008.

34 Rembrandt, Heilung der Schwiegermutter des Petrus, (Lk 4,38), um 1650.

35 (o.) © Klaus Herzog, Aachen.
(u.) © Mauritius-Phototake.

35 (o.) Walter Habdank, Zachäus, 1978.
© VG Bild-Kunst, Bonn 2008.

39 Rembrandt, Die Rückkehr des verlorenen Sohnes, 1636.

40 © Sieger Köder, Der verlorene Sohn.

42/43 Kees de Kort, Bartimäus, © Stichting Docete international, NL-Utrecht.

44 Michèle Lemieux, Gewitternacht, © Belz & Gelberg, Weinheim/Basel 1996/2007.

46 W. Mehl/Zefa.

47 © Comstock Fotoagentur, Berlin.

48 (l.) Hand Gottes, San Clemente. Tahull (Spanien), 1123.
(r.) Engelsgruß von Veit Stoß, 1518 Rosenkranzmedaillon „Sonne", Nürnberg/St. Lorenz.

49 Guter Hirte, Ende 3. Jh., Katakombe der Jordanier. Foto: Gemeinnützige Stiftung Leonard von Matt, CH-Buochs.

50 Jörg Zink, Stuttgart.

51 Otto Münch, Bibeltür, Großmünster Zürich.
Foto: D. Gutscher, Zürich.

52 (l. o./r. u.) © Peter Wirtz, Dormagen.(l.)
© Seifert, Hannover.
(o.) Gebhardt und Lorenz/Bavaria, Gauting.

62–65 Marc Chagall, Josef Hirte. 1931. © VG Bild-Kunst, Bonn 2008.
Marc Chagall, Jakob weint über Josefs Rock, 1933.
© VG Bild-Kunst, Bonn 2008.
Marc Chagall, Josef deutet die Träume Pharaos, 1931.
© VG Bild-Kunst, Bonn 2008.
Marc Chagall, Jesus gibt sich seinen Brüdern zu erkennen. © VG Bild-Kunst, Bonn 2008.

66 Marc Chagall, Josef gibt sich seinen Brüdern zu erkennen, 1931, Ausschnitt.
© VG Bild-Kunst, Bonn 2008.

69 Marc Chagall, Noomi und ihre Schwestern.
© VG Bild-Kunst, Bonn 2008.

70 Marc Chagall, Die ährenlesende Rut bei Boas
© VG Bild-Kunst, Bonn 2008.

73 Marc Chagall, Rut und Boas.
© VG Bild-Kunst, Bonn 2008.

74 NASA.

75 Elisabeth Niggemeyer,
2. Abb. von oben: Michael Albus, Heidesheim.

76 Quelle unbekannt.

77 von oben im Uhrzeigersinn:
© Peter Wirtz, Dormagen.
© Mauritius.
© Mauritius.
© IFA Bilderteam.
© Eckhard Willer, Twistetal-Twiste.
© Jean Kugler, Bavaria.
© IFA-Bilderteam.

78 Thomas Zacharias, Schöpfung.
© VG Bild-Kunst, Bonn 2008.

80 © Peter Wirtz, Dormagen.

81 © Hermann-Josef Frisch.

82/83 © dpa/Brot für die Welt.

84 Franz von Assisi, Fresko, Subiaco, um 1224.

85 Ernst Alt, Franziskus-Spielmann Gottes, 1976,
© beim Künstler.

86 (l.) © KNA.

86/87 Hintergrund: Edmond von Hoorick.

87 (l.) Miyala aus Kiuswu, Der Gekreuzigte mit Maria und Johannes, Zentralafrika, Haus der Völker und Kulturen, St. Augustin.
(o. r.) © KNA.
(u. r.) Das Menschenkreuz, Korea. Quelle unbekannt.

90 Hans Memling, Turiner Passion, 1470–1471 (Ausschnitt), © akg-images.

91 © Richard T. Nowitz, Rockville/USA.

92/93 Hans Memling, Turiner Passion, 1470–1471,
© akg-images.

94/95 Hans Memling, Turiner Passion, 1470–1471 (Ausschnitt), © akg-images.

96 Edvard Munch, Golgata, 1900.
© The Munch Museum/The Munch Ellingsen Group/VG Bild-Kunst, Bonn 2008.

98 Christus und der Hauptmann von Kafarnaum, Ausschnitt, Perikopenbuch des Erzbischofs Egbert, Stadtbibliothek, Trier.

99 Alfred Manessier, Auferstehung, 1949,
© VG Bild-Kunst, Bonn 2008.
© Larry Towell/Magnum Photos/Agentur Focus.

101 Quelle unbekannt.

102 (o.) Barbara Peacock/Bavaria.
(l. M. o) Quelle unbekannt.
(l. M. u.) © Mauritius imagesGrafica.
(u.) © Annie Engel/zefa/Corbis.
(r.) Quelle unbekannt.

103 (l.) © KNA-Bild.
(o. r.) Quelle unbekannt.
(u.) © Peter Wirtz, Dormagen.

104/105 Jean-Marie Pirot/Aracabas, Emmaus.
© VG Bild-Kunst, Bonn 2008.

107 Hilde Schürke-Frisch, Begegnung.
© Peter Wirtz, Dormagen.

110 © Peter Wirtz, Dormagen.

111 (o.) © Ajax/zefa/Corbis.
(M.) © Roy McMahon/zefa/Corbis.
(u.) © Ed Bock/Corbis.

114/115 Illustration: Hildegard Müller.

116 Quelle unbekannt.

116/117 © S. Kuttig/plainpicture/Corbis.

117 (l. o.) © KNA-Bild.
(r. o.) © Will Mc Briede.
(r.) ImageShop/Corbis.
(l. u.) Hildenhagen/McBride present Essen.

118 (l. o.) © epd-Bild.
(r. o.) © imago/Rust.
(l. u.) © imago/Dohrn.
(r. u.) © imago/nordpool/Riediger.
(u.) © epd-Bild/Werner Krüper.

119 (o.) © imago/Lutz Winkler.
(M. l.) © epd-bild/Norbert Neetz.
(r.) © epd-bild.
(u.) © KNA.

120 © epd-bild.

121 Quelle unbekannt.

122 (o./r. u.) © Peter Wirtz, Dormagen.
(M.) © dpa, Frankfurt.
(l. u.) Winfried Parks.

123 (o.) Quelle unbekannt.
(M.) © imago.
(u.) Evangelische Zentralbildkammer.

Sachzeichnungen: Dieter Gelsheimer, Rödermark


Auflage 12 11 10 09 08 / 5 4 3 2 1

Layout: Thomas Brink, Emmerich am Rhein
Printed in Germany
ISBN 978-3-491-73432-6
www.patmos.de